Mi primera Biblia

Historias del Antiguo y del Nuevo Testamento

Ilustrado por Simona Sanfilippo

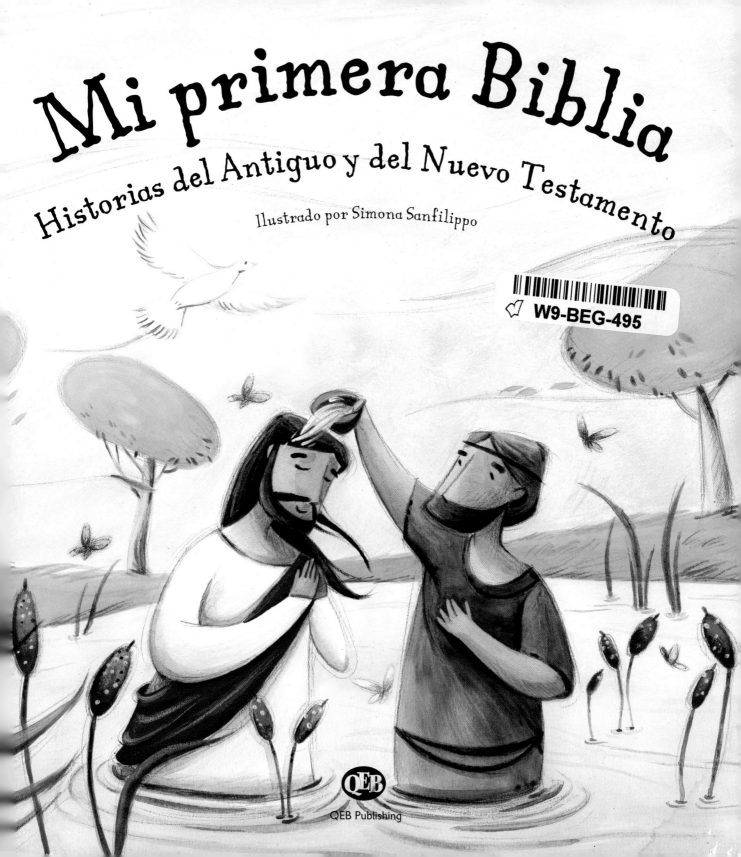

QEB Publishing

Consultora: Fiona Moss, Asesora RE de RE Today Services
Editora: Cathy Jones
Diseñadora: Chris Fraser
Traductora: Macarena Salas

Copyright © QEB Publishing 2014

Publicado en los Estados Unidos por
QEB Publishing, Inc.
3 Wrigley, Suite A
Irvine, CA 92618

Información disponible sobre el registro
CIP de la Biblioteca del Congreso.

ISBN 978 1 60992 673 1

Impreso en China

Mi primera Biblia

Historias del Antiguo y del Nuevo Testamento

CONTENIDO

Antiguo Testamento

Nuevo Testamento

El arca de Noé

El viejo Noé era muy buena persona.

Amaba a Dios y siempre escuchaba sus palabras.
Dios amaba a Noé porque era muy bueno.

Pero Dios no estaba contento con el resto de la gente.
No le escuchaban y se portaban muy mal.

Un día, Dios le dijo a Noé: —Voy a inundar la tierra para limpiarla. Construye un arca de madera en la que no entre agua.

—Mete en el arca a tu familia y a dos animales de cada especie.

Lleva mucha comida para todos. En siete días voy a hacer que llueva.

Noé hizo lo que Dios le pidió.
Sus hijos, Sem, Cam
y Jafet le ayudaron.

Talaron árboles.

Clavaron maderas.

Cortaron tablas.

Pintaron el arca
para que no
entrara agua.

Trabajaron muy duro hasta que terminaron el arca.

13

Pero no había tiempo para descansar.
Tenían que encontrar a dos animales de
cada especie. ¡Eso no era nada fácil!

Los animales entraron de dos
en dos en el arca. Algunos se deslizaban,
otros saltaban y otros entraban dando pisotones.

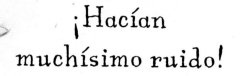

¡Hacían muchísimo ruido!

¡Cuaac!

¡Beee!

¡sssssss!

Cuando ya estaban todos dentro, Dios cerró la puerta.

Tal y como dijo, a los siete días, empezó a llover.
Tip, top ¡La lluvia no paró!
El agua subió y levantó el arca.

Llovió durante cuarenta días y cuarenta noches. Se inundó todo, hasta las montañas más altas.

Dentro del arca estaba
oscuro. Los animales se
amontonaban
¡y hacían
muchísimo
ruido!

¡Cuaac!

¡Muu!

Pero Noé confiaba en Dios y sabía que allí estarían sanos y salvos.

¡Oink!

La tierra se limpió y permaneció bajo agua
durante otros ciento cincuenta días.
Pero Dios no se olvidó de Noé ni del arca.

Tip, top
¡La lluvia SÍ paró!

Dios envió el viento
y el agua empezó a bajar.
El arca se posó en la cima
de la montaña más alta.

Poco a poco, el agua bajaba más y más.
Noé abrió la ventana y vio las cimas
de otras montañas.

Soltó una paloma,
pero la paloma
regresó volando
al poco tiempo.

Una semana más
tarde, Noé volvió
a soltar la paloma.

Esta vez la paloma regresó
con una rama en el pico.

Noé esperó otra semana y
volvió a soltar la paloma.

Esta vez no regresó. La paloma había
encontrado tierra seca.

Entonces Dios le dijo a Noé:
—Ya pueden salir. No hay peligro.

Los animales salieron del arca
de dos en dos hacia
la luz del sol.

¡Barrumm!

¡Raaar!

¡ssssssss!

¡Cuaac!

Noé le dio las gracias a Dios
por haberlos protegido.

¡Cuaac!

Después de eso, Dios le prometió a Noé
que nunca más inundaría la tierra.

Como señal de su promesa, Dios hizo que saliera en el cielo un arcoíris de colores.

Siguientes pasos

Vuelve a leer el libro para hablar de la historia.

★ Representa la escena. Haz lo que hacen los personajes: talar, cortar, martillar y pintar o deslizarse, saltar y pisotear.

★ Repite la rima. Haz una pausa para repetir la rima:
"Tip, top ¡La lluvia no paró!".'

★ Cuenta de dos en dos. Busca las parejas de animales.
Cuenta un pingüino, dos pingüinos.

★ Nombra los colores del arcoíris, después busca todos los colores en las páginas del libro.

★ Busca formas y tamaños. Describe los animales por su forma o tamaño. Busca una jirafa alta, un ratón pequeño, un elefante gordo y una serpiente larga.

★ Escucha los ruidos del arca de Noé. Cuando veas en las páginas las palabras "¡Muu! ¡Cuaac! ¡Oink! ¡Ssssss! ¡Raar! ¡Bee!" señálalas y repite el sonido.

Ahora que has leído la historia... ¿qué recuerdas?

★ ¿Quién le dijo a Noé que construyera el arca?
★ ¿Por qué Dios inundó la tierra?
★ ¿Quién entró en el arca?
★ ¿Durante cuánto tiempo llovió?
★ ¿Dónde se posó el arca?
★ ¿Por qué Dios creó el arcoíris?

¿Cuál es el mensaje de la historia?
Si escuchamos a Dios, Él nos protege.

José y la túnica de colores

Hace mucho tiempo, Jacob le regaló a su hijo
José una túnica de colores nueva. Los hermanos
de José se enojaron mucho.

José era el menor de
once hermanos.

—¿Por qué a él le regala una túnica nueva y a nosotros no? —protestó un hermano.

—Porque es el favorito —protestó otro.

Una noche, José tuvo dos sueños.

En el primer sueño, once manojos de trigo rodeaban a su manojo y se inclinaban hacia él.

¡Ronca! ¡Ronca!

En el segundo sueño, el sol, la luna y once estrellas se inclinaban hacia José.

José les contó sus sueños a sus hermanos y ellos se enojaron.

—¿Es que piensas que nos tenemos que inclinar hacia ti? —preguntaron.

33

Poco después, José fue a buscar a sus hermanos.
Seguían enojados con él. Cuando le vieron
llegar, dijeron:
—Vamos a matarle y decir que
le atacó un animal salvaje.

Su hermano Rubén intentó salvarle.

—Mejor lo metemos en este pozo vacío. Después rasgamos su túnica y Padre pensará que ha muerto.

Justo entonces, aparecieron
unos comerciantes en sus camellos.
Iban de camino a Egipto.

Al hermano Judas se le ocurrió otro plan.
—Vamos a vender a José como esclavo a
los comerciantes.

Y eso es lo que hicieron.

Los hermanos regresaron a su casa y le mostraron a
su padre la túnica rasgada de José. Jacob pensó que
José había muerto y se puso muy triste.

Pero José iba de camino a Egipto
donde lo venderían como esclavo.

José se convirtió en el esclavo de uno de los funcionarios del faraón. Durante mucho tiempo, fue feliz y su amo confiaba en él.

Pero la malvada esposa de su amo le engañó e hizo que lo metieran en la cárcel.

¡Ronca!

¡Ronca!

En la cárcel había otros dos hombres con José.

El primer hombre dijo: —Anoche tuve un sueño y no lo entiendo. Soñé que exprimía tres racimos de uvas en la copa del rey.

José dijo muy contento: —Dios sabe lo que significa tu sueño. En tres días, el faraón te mandará a buscar para que seas su sirviente con el vino.

El segundo hombre dijo:
—Anoche tuve un sueño y no lo entiendo. Tenía tres canastos de pan, pero vinieron los pájaros y lo picotearon —dijo.

José dijo muy triste:
—Dios sabe lo que significa tu sueño. En tres días morirás.

Ambos sueños se hicieron realidad.

Entonces, un día, el faraón
tuvo dos sueños. En el primero,
¡siete vacas flacas se comían
a siete vacas gordas!

En el segundo sueño, ¡siete
tallos débiles de trigo se comían
a siete tallos fuertes!

¡Ronca! ¡Ronca!

El faraón les contó sus sueños a los hombres más sabios, pero ellos no sabían qué significaban.

Entonces, el sirviente del vino del faraón le dijo:
—Yo conozco a alguien que sabe lo que significan los sueños. Se llama José.

El faraón mandó a buscar
a José y le dijo: —Anoche tuve dos sueños y
no los entiendo—. Y le contó los sueños a José.

José dijo: —Dios sabe lo que significan tus sueños.

Las siete vacas gordas y los siete tallos fuertes de trigo significan siete años de buenas cosechas.

Las siete vacas flacas y los siete tallos débiles de trigo significan siete años de malas cosechas.

—¡Oh, no! ¿Qué vamos a hacer? —preguntó el faraón.

—Guardar el trigo de las buenas cosechas para que la gente pueda comer durante las malas cosechas —dijo José.

45

Al rey le pareció tan buena idea
que puso a José al mando.

Durante siete años, las cosechas fueron
buenas y guardaron parte del trigo.

Durante los siguientes siete años, las cosechas
fueron malas pero la gente tenía suficiente comida.

Lejos de allí, el padre y los hermanos de José pasaban hambre.
—¡Oh, no! ¿Qué vamos a hacer? —se preguntaban.

—Iremos a Egipto. Allí tienen mucha
comida —dijo Jacob.

Después de un largo viaje, Jacob y sus hijos llegaron a Egipto. Se inclinaron hacia el hombre que estaba a cargo de la comida.

¡Imagínate la sorpresa cuando levantaron la vista y vieron a José!

José estaba contento de ver a su padre y a sus
hermanos después de tantos años. El sueño que había
tenido hacía mucho tiempo se había hecho realidad.

Siguientes pasos

Vuelve a leer el libro para hablar de la historia.

★ Representa la escena. Representa el trigo inclinándose o una estrella tintineante.

★ Repite la rima. Haz una pausa para repetir la rima: "Anoche tuve un sueño y no lo entiendo".

★ Cuenta. Cuenta tres racimos, tres canastos, siete vacas gordas, siete vacas flacas, siete tallos fuertes de trigo, siete tallos débiles de trigo, once hermanos, once manojos de trigo y once estrellas.

★ Nombra los colores de la túnica, después busca esos colores en las otras páginas.

★ Busca formas y tamaños. Describe la forma y el tamaño de los hermanos. Busca al hermano alto, el bajo, el gordo y el flaco.

★ Escucha los sonidos. Cuando veas la palabra "¡Ronca!" en las páginas, señálala y haz el sonido de un ronquido.

Ahora que has leído la historia... ¿qué recuerdas?

★ ¿Quién era José?
★ ¿Por qué los hermanos de José le metieron en el pozo?
★ ¿Dónde llevaron los comerciantes a José?
★ ¿Qué le pasó a José en Egipto?
★ ¿Cómo salió de la cárcel?
★ Cuando José vio a su padre y sus hermanos, ¿cómo se sintió?

¿Cuál es el mensaje de la historia?
Dios tiene un plan para cada uno de nosotros si le escuchamos.

Moisés
en los
juncos

Había una niña que se llamaba Miriam y vivía
con su familia en Egipto. Eran esclavos hebreos.

En Egipto había muchos esclavos
hebreos que trabajaban para el faraón.

Un día, el faraón declaró:
—En Egipto hay demasiados hebreos.
Ya no pueden nacer más
hebreos varones.

El faraón envió a sus soldados
a todos los pueblos hebreos.

Les ordenó que si encontraban
algún bebé varón
¡lo mataran!

La mamá de Miriam tenía un bebé varón.

—¿Qué vamos a hacer?
—preguntó Miriam.

La mamá de Miriam escondió al bebé en su casa.
Miriam se encargaba de cuidarlo.

—¡Shh, hermanito, duerme y no des gritos!

Pero cuando el bebé cumplió tres meses, era muy grande y hacía demasiado ruido para esconderlo en la casa.

La mamá de Miriam buscó un canasto y lo pintó para que no entrara agua. Después envolvió a su bebé en una cobija y lo metió en el canasto.

Cuando nadie miraba, Miriam y su mamá fueron al río y escondieron el canasto entre los juncos.

La mamá de Miriam regresó a su casa
y Miriam se quedó cuidando al bebé.
Miriam permaneció todo el día
escondida para asegurarse de
que el bebé estuviera bien.

—¡Shh, hermanito,
duerme y no des gritos!

De pronto, desde su escondite,
Miriam vio que
alguien se acercaba.

La hija del faraón
paseaba cerca del río
con sus sirvientes.

Notó que algo flotaba entre los juncos.
—Tráeme eso para que lo vea
—le ordenó a su sirviente.

El sirviente fue a buscar el canasto para la hija del
faraón. ¡Flotaba como un barco!
La hija del faraón miró dentro del canasto y se
quedó muy sorprendida al ver
lo que había dentro.

—¡Es un bebé varón! —sonrió.
La hija del faraón sacó
al bebé del canasto.

El bebé empezó a llorar.

—Debe de ser un bebé hebreo —dijo
la hija del faraón—.
Pobrecito, ¿tienes hambre?

¡Buaa!

Justo entonces, Miriam
salió de su escondite.

—¿Quieres que busque a alguien
para que dé de comer al bebé y lo
cuide para ti? —preguntó.

—Sí, buena idea
—dijo la hija del faraón.

Miriam fue corriendo a buscar a su mamá y las
dos regresaron rápidamente al río.

—Te pagaré si das de comer a este bebé y lo cuidas para mí —dijo la hija del faraón.

Y le dio el bebé a su mamá.

Miriam y su mamá estaban felices.

Llevaron al bebé
a su casa y lo
cuidaron hasta
que había crecido
lo suficiente
para ir a vivir
al palacio.

La hija del faraón estaba muy contenta.
—Lo criaré como si fuera mi
hijo —sonrió—.
Le llamaré Moisés.

Siguientes pasos

Vuelve a leer el libro para hablar de la historia.

★ Representa la escena. Haz como si fueras un canasto flotando entre juncos.

★ Repite la rima. Haz una pausa para repetir la rima: "¡Shh, hermanito, duerme y no des gritos!".

★ Cuenta. Cuenta cinco pájaros, cinco mariposas, tres esclavos y tres vasijas.

★ Flores de colores. Nombra los colores de las flores que hay junto al río, después busca esos colores en las otras páginas.

★ Formas y tamaños. Compara el canasto y el cofre donde duerme Moisés.

★ Escucha los sonidos. Cuando veas las palabras "¡Shh!" y "¡Buaa!" en las páginas, señálalas y repite el sonido.

Ahora que has leído la historia… ¿qué recuerdas?

★ ¿Quién era Moisés?
★ ¿Por qué lo escondió su mamá en un canasto?
★ ¿Cuántos meses tenía Moisés cuando lo llevaron al río?
★ ¿Dónde escondió Miriam el canasto?
★ ¿Qué pasó cuando la hija del faraón fue al río?
★ ¿Cuándo fue Moisés a vivir al palacio?

¿Cuál es el mensaje de la historia?
A veces nuestros enemigos pueden convertirse en nuestros amigos.

David
y
Goliat

Un día, el joven David estaba
cuidando las ovejas cuando oyó a su
padre que le llamaba.

—Lleva este pan y este queso a tus hermanos —dijo su padre. Los tres hermanos mayores de David luchaban en el ejército del rey Saul.

David agarró el atillo y se puso en camino.

El ejército del rey Saul había acampado en una colina.
En la otra colina estaba el ejército de los filisteos.

¡La escena era increíble!

David buscó a sus hermanos entre los soldados de Saul y pronto los encontró.

En ese momento, un soldado gigantesco del
ejército de los filisteos se adelantó.

¡Era mucho más
grande y alto que
los demás!

El soldado rugió:

—Soy Goliat, grande y fuerte.
¿Quién se atreve a hacerme frente?

Ninguno de los soldados del rey Saul contestó.
¡Estaban muertos de miedo!

Los soldados
hablaron entre ellos.

—El rey le dará una gran
recompensa al que mate al
gigante Goliat —dijeron.

—¿Qué ocurre? —les preguntó el joven David a sus hermanos.

—Esto no va contigo —contestaron—. Tú solo eres un niño. Vuelve a casa a cuidar las ovejas.

81

Pero David no volvió a su casa.
Fue a ver al rey Raul a su tienda.
—Yo me enfrentaré al gigante —dijo David.

—Ya he matado a un león y un oso que intentaron atacar mis ovejas —dijo David—. No tuve miedo porque Dios me protegía.

—¡Pero tú solo eres un niño y Goliat es un gigante muy fuerte! —dijo el Rey.

El rey Saul le dio a David un casco, una armadura y una espada.

David se puso la armadura. ¡Pero le iba muy grande!

Intentó caminar con ella dentro de la tienda.

—No puedo llevar esto —dijo—. No estoy acostumbrado.

¡Cling! ¡Clang!

Se la quitó.

David agarró su honda y su saco
y se fue al río.

Allí encontró
cinco piedras
lisas y las metió
en su saco.

"Para matar al oso y al león solo utilicé mi honda —pensó—. Dios me protegerá".

David fue a enfrentarse con Goliat.
El gigante avanzó hasta él y rugió:

—Soy Goliat, grande y fuerte.
¿Quién se atreve a hacerme frente?

—¡Yo! —contestó David.
—¿Y piensas vencerme con ese bastón?
—se burló Goliat.

¡Goliat estaba furioso!

Goliat avanzó hacia David.

David sacó una piedra de su saco y la puso en la honda.

Goliat blandió la espada en el aire.

David le lanzó la piedra.

La piedra le **dio** a Goliat en medio de la frente. El gigante se **cayó** al suelo.

¡CRAC!

El ejército del rey Saul vitoreó.
—¡El malvado Goliat ha muerto! —gritaron.

El ejército filisteo salió huyendo

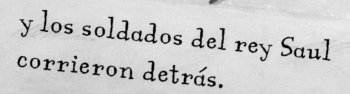

y los soldados del rey Saul corrieron detrás.

¡El joven David era un héroe!

Siguientes pasos

Vuelve a leer el libro para hablar de la historia.

* Representa la escena. Hazte alto y fuerte y después, pequeño y débil. Haz como si lanzas una piedra con una honda. Haz como si tuvieras una espada.

* Repite la rima. Haz una pausa para repetir la rima: "Soy Goliat, grande y fuerte. ¿Quién se atreve a hacerme frente?".

* Goliat mide 3 metros de altura. ¿Cómo de alto es eso? Es, por ejemplo, tan alto como un elefante o un arco de fútbol americano.

* Nombra los colores de las tiendas. Busca esos colores en las otras páginas.

* Busca formas y tamaños. Describe la armadura de Goliat con adjetivos como dura, brillante, metálica, resistente.

* Escucha los sonidos. Cuando veas las palabras "¡Cling! ¡Clang!" y "¡Crac!" en las páginas, señálalas y repite el sonido.

Ahora que has leído la historia... ¿qué recuerdas?

* ¿Quién era David?
* ¿Por qué fue a buscar a sus hermanos?
* ¿Dónde encontró David al rey Saul?
* ¿Qué pasó cuando David se puso la armadura?
* ¿Cómo consiguió David ganar a Goliat?
* ¿Por qué se cayó Goliat al suelo?

¿Cuál es el mensaje de la historia?
Podemos enfrentarnos a todos los problemas si
Dios está a nuestro lado.

Daniel y los leones

Daniel era un hombre importante. Era uno de los tres ministros que había elegido el rey para gobernar la tierra.

Daniel trabajaba mucho.
Pronto se convirtió
en el favorito del rey.

Un día, el rey
decidió poner a Daniel
al mando de todos.

Los otros dos ministros se enojaron.

—¿Por qué tiene que ser Daniel más importante que nosotros? —protestaron.

—Ni siquiera es de aquí —susurró uno de ellos.

—¡Y solo alaba a su propio dios! —susurró el otro.

Entre los dos idearon un plan
para deshacerse de Daniel.

Los dos ministros fueron a ver al rey.

—¡Oh, Majestad, tú que eres tan grande! —dijeron—.
¡Haz una ley que obligue a todos a
alabarte durante treinta días!

Como al rey le gustaba que le
alabaran, les hizo caso.

—El que la ley no obedezca, al foso
de los leones de cabeza —dijeron.
El rey accedió a hacer la ley.

Durante treinta días, todos
alabaron al rey.

Pero Daniel iba a su casa,
se arrodillaba cerca de la
ventana y alababa a Dios,
como siempre lo había hecho.

Los dos ministros
espiaron a Daniel.

Cuando le vieron
alabando a Dios,
fueron a decírselo
al rey.

—¡Oh, Majestad, tú que eres tan grande! —dijeron—.
Daniel está alabando a su dios. Ha roto la ley.
El rey se puso muy triste cuando se enteró.

—El que la ley no obedezca, al foso de los leones de cabeza —dijeron.

—Hay que obedecer la ley —suspiró el rey.

Llevaron a Daniel a un foso frío y
oscuro lleno de leones que rugían.

Metieron a
Daniel en
el foso.

¡GRR!

Los leones le olieron
y rugieron.

El rey se asomó al foso.

—Espero que te ayude tu dios,
Daniel —dijo muy triste.

Taparon el foso con una roca muy
grande para que no pudiera escapar.

Daniel se sentó en el oscuro foso.
Los leones le rodearon.

Entonces apareció un ángel
y los leones se tumbaron.

El rey regresó a su palacio.

Esa noche no pudo comer.

No pudo trabajar.

No pudo dormir.

Se pasó toda la noche dando vueltas en la cama.

A la mañana siguiente, en cuanto salió el sol, el rey fue corriendo al foso de los leones. Ordenó que quitaran la piedra.

—¡Daniel! —llamó—. ¿Te salvó Dios
de los leones?

—¡Oh, Majestad, tú que
eres tan grande! —dijo
Daniel—. Dios envió un
ángel para domar a los
leones. Estoy bien.

El rey se puso muy contento cuando sacaron a Daniel del foso. ¡No tenía ni una herida!

El rey hizo una nueva ley.

A partir de ese momento, todos
tenían que adorar a Dios.
—Hay que obedecer la ley
de Dios —dijo.

¡GRR!

Siguientes pasos

Vuelve a leer el libro para hablar de la historia.

★ Representa la escena. Haz como si fueras un león en un foso. Haz una reverencia para adorar al rey.

★ Repite la rima. Haz una pausa para repetir la rima: "El que la ley no obedezca, al foso de los leones de cabeza".

★ Cuenta pares. La palabra "par" significa lo mismo que contar de dos en dos. Busca pares en el libro.

★ Corona de colores. Nombra los colores de la corona de Saul y busca esos colores en las otras páginas.

★ Busca formas y tamaños. Compara a los dos ministros y descríbelos con adjetivos como alto, bajo, gordo, delgado.

★ Escucha los sonidos. Cuando veas la palabra "¡Grr!" en la página, señálala y repite el sonido.

Ahora que has leído la historia… ¿qué recuerdas?
★ ¿Quién era Daniel?
★ ¿Quién era el favorito del rey?
★ ¿Por qué Daniel le rezó a Dios?
★ ¿Dónde acabó Daniel?
★ ¿Qué le pasó a Daniel en el foso de los leones?
★ ¿Cómo salió Daniel del foso?

¿Cuál es el mensaje de la historia?
No debemos tener miedo a nada porque Dios nos protege.

Jonás y la ballena

Jonás casi siempre era muy bueno.

Nínive

Así que un día, Dios
le encargó un trabajo
a Jonás.

—Ve al pueblo de Nínive y lleva
un mensaje de mi parte.

Pero Jonás no quería ir a
Nínive y se escapó.

Jonás se metió en un barco para alejarse de Nínive. Se escondió bajo la cubierta y se quedó dormido.

Mientras dormía, se levantó mucho viento y olas.

La tormenta movía el barco, pero Jonás dormía.

El capitán del barco despertó a Jonás.

—¿Cómo puedes dormir con esta
tormenta? —gritó el capitán—.
¡Levántate y reza!

El barco se movía de lado a lado.
Los marineros tenían miedo.
—¡Tiren la carga por la borda!
—gritó el capitán.

—Pero era inútil. La tormenta cada vez era más fuerte.
—Es por mi culpa —dijo Jonás—. No obedecí a Dios.
Los marineros estaban asustados.

—Dios está enojado conmigo —dijo Jonás— Tírenme a mí por la borda y la tormenta cesará

Los marineros no querían tirar a Jonás
por la borda. Empezaron a rezar. Pero la
tormenta seguía moviendo el barco.

Por fin, tiraron a Jonás por la borda. ¡PLAS!

¡PLAS!

¡Y la tormenta cesó!

127

Jonás empezó a hundirse

más

y

más.

Jonás empezó a rezar:
—¡Me hundo en el mar!
¡No me dejes ahogar!

Entonces vio una ballena que nadaba hacia él.
La ballena abrió la boca muy grande

¡y se lo tragó de
un solo bocado!

¡GLUP!

Jonás se sentó en el vientre de la ballena.
Tenía mucho tiempo para pensar. Había huído
de Dios y Dios le había castigado.

Había rezado a Dios y
Dios le había salvado. Jonás le dio las
gracias a Dios y Dios le perdonó.

A los tres días, la ballena abrió la boca.

Jonás salió disparado ¡y fue a caer a una playa!

Esta vez, Jonás fue al pueblo de Nínive
para llevar el mensaje de Dios.

La gente del pueblo
era muy mala. Tampoco
escuchaban a Dios.

Durante tres días, Jonás se paseó
por el pueblo diciendo:
—Tienen cuarenta días para portarse bien ¡o Nínive
será destruida!

La gente de Nínive se quedó sorprendida al oír el mensaje que Dios les había enviado con Jonás.

Hasta el Rey de Nínive estaba muy sorprendido.

Olvidaron que Dios los estaba observando.

Se arrepintieron de haber sido malos y decideron que a partir de ese momento se portarían bien.

Así que Dios los perdonó.

Jonás se sentó en una colina en las
afueras de Nínive y esperó a ver cómo
se destruía el pueblo.

Pero hacía mucho calor
y no pasó nada.
Jonás se puso de muy mal humor.

Dios le dijo a Jonás:
—¿Por qué estás de mal
humor? Te perdoné
porque te amo. Perdoné
a la gente de Nínive
porque la amo.

Por fin Jonás entendió que
Dios ama a todos y su amor es muy grande.

Siguientes pasos

Vuelve a leer el libro para hablar de la historia.

* Representa la escena. Haz como si fueras un barco en las olas. Haz como si fueras un pez. Mueve la mano y el brazo como una ola.

* Repite la rima. Haz una pausa para repetir la rima: "¡Me hundo en el mar! ¡No me dejes ahogar!".

* Cuenta los días. Jonás pasa tres días dentro de la ballena. En Nínive tienen 40 días para portarse bien. Habla sobre cuán largos son tres días y cuán largos son 40 días.

* Nombra los colores de los peces, después busca esos colores en las otras páginas.

* Busca formas y tamaños. Compara la ballena con los otros peces que salen en la página.

* ¿Cómo de grande es la ballena en comparación con el barco?

* Escucha los sonidos. Cuando veas las palabras "¡Splas!" y "¡Glup!" en las páginas, señálalas y repite el sonido.

Ahora que has leído la historia... ¿qué recuerdas?

* ¿Quién era Jonás?
* ¿Por qué se escondió en un barco?
* ¿Dónde acabó Jonás cuando lo tiraron al agua?
* ¿Cómo salió Jonás de la ballena?
* ¿Qué pasó cuando Jonás llegó a Nínive?
* ¿Por qué Jonás se puso de mal humor?

¿Cuál es el mensaje de la historia?
Si hacemos algo mal, Dios nos enseñará a hacerlo bien.

El nacimiento de Jesús

Hace mucho tiempo, en la ciudad de Nazaret, vivía una joven llamada María. Un día, a María se le apareció un ángel.

El ángel Gabriel dijo:
—No tengas miedo, María te traigo buenas noticias.

—Dios te eligió para ser la madre de Cristo nuestro
Señor, el Rey de los Judíos
—dijo Gabriel—. Lo llamarás Jesús. —Haré lo que
Dios me pida —dijo María.

Ahora bien, María se iba a casar con José, el carpintero. ¿Qué diría José sobre el bebé que iba a tener María?

José estaba enojado. Pero una noche, tuvo un sueño. Soñó que un ángel le decía que el bebé de María lo había enviado Dios.

—El bebé se llamará Jesús —dijo el ángel.
Cuando José se despertó,
lo entendió.

Así que José y María se casaron.

En aquella época, todos tenían que apuntarse
en sus pueblos para pagar impuestos. María y José
tenían que ir al pueblo de José.

María estaba embarazada y a punto de tener el bebé. Ella iba encima de un burro. Fue un viaje largo y cansado.

Viajaron desde Nazaret a Belén.

Cuando María y José por
fin llegaron a Belén, las
calles estaban llenas de gente.

No quedaban habitaciones en la posada.

¿Qué podían hacer?
¿Dónde se iban a quedar?

José encontró un establo y María se
acomodó en la paja.

Esa noche, nació el niño Jesús en el establo.
María meció al bebé en sus brazos.

Después lo envolvió en mantas y lo puso con mucho cuidado en un pesebre con paja.

Esa misma noche, unos
pastores estaban
cuidando sus ovejas.

De pronto, se asustaron. En el cielo
apareció un grupo de ángeles cantando.

—No tengan miedo,
traigo buenas noticias.
Ha nacido Cristo nuestro Señor,
el Rey de los Judíos
—dijo un ángel—.
Lo encontrarán en un pesebre.

Los pastores corrieron a Belén para ver si era verdad.

¡Y era verdad! Encontraron al niño Jesús acostado en un pesebre.

Los pastores le dieron gracias
a Dios y salieron
a contar a todos la noticia.

Lejos de Belén, tres reyes magos de Oriente vieron una estrella que brillaba mucho en el cielo.

La estrella era
una señal: había
nacido el nuevo Rey
de los Judíos.

Comenzaron un largo viaje a
Jerusalén para ver al rey Herodes.
¡Seguro que ya lo sabía!

155

—¿Dónde está el nuevo
rey? —le preguntaron
los hombres sabios
al rey Herodes.

¡El rey Herodes
no sabía nada!
Le preguntó a
sus consejeros
dónde había

—Dicen que en Belén —dijeron. Así que
el rey Herodes envió a los tres reyes a Belén.

—Avísenme cuando lo encuentren —dijo el Rey.
Herodes no quería que nadie más fuera el rey.

Los tres reyes siguieron a la estrella hasta Belén, donde se detuvo encima de un establo.

Los reyes encontraron a María y a Jesús dentro del establo.

Se arrodillaron y le regalaron oro, incienso y mirra.

En un sueño, a los reyes les dijeron que no debían decirle al rey Herodes dónde vivía Jesús. Así que regresaron de directamente a su casa.

José llevó a María y al niño Jesús a Egipto, donde estaban a salvo del rey Herodes.

Siguientes pasos

Vuelve a mirar el libro para hablar de lo que has leído.

* Copia las acciones. Haz lo que hacen los personajes: mece al niño Jesús en tus brazos, arrodíllate,

  sigue la estrella.

* Cuenta de tres en tres. Cuenta tres ovejas, tres gallinas, tres pastores, tres reyes.

* Nombra los colores. ¿De qué colores es la ropa de los ángeles? Busca esos colores en otras páginas del libro.

* Formas y tamaños. Busca una oveja grande, una mediana y una pequeña.

Ahora que has leído la historia... ¿qué recuerdas?

* ¿Quién le dijo a María que iba a tener un bebé?
* ¿Cómo tenía que llamar María al bebé?
* ¿Quién era José?
* ¿Dónde nació Jesús?
* ¿Cómo se enteraron los pastores de que había nacido Jesús?
* ¿Cómo encontraron los tres reyes a Jesús?

¿Cuál es el mensaje de la historia?

Dios envió al niño Jesús para que fuera Cristo nuestro Señor.

El bautizo de Jesús

Jesús tenía un primo llamado Juan. Juan viajaba por el desierto predicando.

No tenía ropa buena ni comida. Su ropa estaba hecha de pelo de camello y la ataba a la cintura con un cinturón de cuero.

Vivía de langostas
y miel silvestre.

Juan tenía un mensaje
importante para todos con
los que se encontraba.

Juan les decía: —Pidan a Dios
que les perdone por todas las malas
decisiones que han tomado,
vivan una vida mejor y podrán
ir al reino de los cielos.

—¿Cómo hacemos eso? —preguntó
la gente.—Vengan hoy al río y
lavaré sus pecados
—dijo Juan.

Día tras día, llegaba la gente desde
muy lejos al río Jordán.

Uno a uno, Juan los
metía en el río para
lavar sus pecados.

—Te bautizo con agua —decía—, pero alguien más vendrá después y te bautizará con el amor de Dios. La gente se preguntaba qué querría decir.

Un día, llegó Jesús desde Galilea al río Jordán para lo que bautizara.

—¿Por qué quieres que yo te bautice? —le preguntó Juan—. Eres tú quien debería bautizarme a mí.

—He venido al río hoy porque es lo correcto.

Así que Juan bautizó a Jesús en el río Jordán.

En cuanto bautizó a Jesús, el cielo se abrió y
el amor de Dios bajó en forma de paloma.
Una voz desde el cielo dijo:
—Este es mi Hijo, al que amo.

"¿Será este hombre, Jesús, el Hijo de Dios?"
se preguntó la gente.

Después de que lo bautizaran, Jesús fue al desierto. Estuvo solo en el desierto durante cuarenta días y cuarenta noches.

El sol calentaba
con fuerza y el
viento del desierto

Jesús tuvo mucho tiempo
para pensar, pero no
tenía nada para comer.
Tenía mucha hambre.

Justo entonces, apareció el
demonio para tentar a Jesús con
malos pensamientos.

Le susurró a Jesús en el oído:
—Si eres el Hijo de Dios,
haz que estas piedras se
conviertan en pan.

Pero Jesús contestó:
—No podemos vivir sólo de pan.
También necesitamos el amor de Dios.

El demonio llevó a Jesús a una torre muy alta.

Entonces el demonio le susurró por segunda vez:
—Si eres el Hijo de Dios —dijo—, lánzate desde
esta torre. Los ángeles de Dios te recogerán.

Pero Jesús contestó: —Si confiamos en
Dios, no necesitamos ponerle a prueba.

El demonio llevó a Jesús a la cima de
una montaña. Por tercera vez, el demonio susurró:
—Si me adoras a mí, te daré todos los reinos del mundo.

Pero Jesús contestó: —¡No, vete!
Sólo debemos adorar a Dios.

Jesús echó al demonio.
Entonces aparecieron unos ángeles para cuidarlo.

Cuando Jesús regresó del desierto, le dieron malas noticias. Su primo, Juan, había hablado mal del Rey y lo habían metido en la cárcel.

Jesús recordó lo que Juan había dicho.

A partir de ese momento, Jesús les decía a todos con los que se encontraba: —Pidan a Dios que les perdone por todas las decisiones malas que han tomado, vivan una vida mejor y podrán ir al reino de los cielos.

Siguientes pasos

Vuelve a mirar el libro para hablar de lo que has leído.

* Copia las acciones. Haz lo que hacen los personajes: haz como si le echaras agua a alguien en la cabeza; mueve las alas como una paloma; susurra a alguien al oído.

* Cuenta de tres en tres y de cuatro en cuatro. Cuenta las ovejas, las gallinas y los niños.

* Nombra los colores. ¿De qué colores es la ropa de la gente?

* Formas y tamaños. Busca las ovejas y las gallinas grandes, medianas y pequeñas.

Ahora que has leído la historia... ¿qué recuerdas?

* ¿Quién era Juan?
* ¿Por qué le llamaban Juan Bautista?
* ¿Dónde bautizó a Jesús?
* ¿Qué pasó cuando bautizó a Jesús?
* ¿Quién tentó a Jesús y cuántas veces lo tentó?
* ¿Qué le dijo Jesús a la gente que Juan Bautista le había dicho a él?

    ¿Cuál es el mensaje de la historia?
    Jesús fue el elegido de Dios y pusieron a prueba su confianza en Dios.

Jesús y sus apóstoles

Cuando Jesús era joven, iba de pueblo en pueblo para enseñar el mensaje de Dios.

Allá donde fuera, la gente acudía a escuchar sus historias.

Pronto, mucha gente había
oído hablar de Jesús.
Cuando llegaba a un pueblo,
la gente se aglomeraba

Un día, una gran multitud siguió a Jesús hasta el lago. No había sitio para todos, así que Jesús le preguntó a un hombre llamado Pedro si podía usar su barca.

Pedro empujó la barca y la metió en el agua.
Ahora todos podían ver y oír a Jesús.

Mientras Jesús hablaba con
la gente, los otros pescadores
recogían sus redes.

Cuando Jesús terminó, le dijo a Pedro:
—Lleva tu barca donde el agua es
profunda y lanza tu red.

—Estuvimos pescando toda la noche
y no conseguimos nada —dijo Pedro—.
Pero si tú lo dices...

Pedro navegó hasta la parte más
profunda del lago y lanzó su red.

¡Muy pronto, la red se llenó de peces!
La red estaba tan llena que se rompió.

Pedro pidió ayuda a otra barca.

Al meter los peces, ¡las barcas
empezaron a hundirse!

Los pescadores no podían creer
cuánto habían pescado.

Pedró se arrodilló para darle las gracias
a Jesús porque pensaba que no lo merecía.
Pero Jesús les dijo: —Síganme. ¡Serán
pescadores de hombres!

Cuando llegaron a la costa, Pedro y
los otros pescadores, Andrés, Santiago, y Juan,
dejaron sus barcas para seguir a Jesús.

Jesús eligió doce apóstoles entre sus muchos seguidores:

Andrés, el hermano de Pedro

Felipe

Bartolomé

Pedro

Santiago

Juan, el hermano de Santiago

Tomás

Mateo

Santiago, el Menor

Tadeo

Simón

Judas

—Síganme y serán los mensajeros
de Dios —dijo Jesús.

Un día, Jesús contó una historia:

—Una vez, un granjero plantó unas semillas. Algunas cayeron en el camino y los pájaros se las comieron, otras cayeron encima de unas piedras y otras cayeron entre las malas hierbas.

—Pero algunas semillas cayeron en tierra fértil.

—¿Qué quiere decir la historia? — preguntaron sus apóstoles.

—Las semillas son las cosas que Dios nos dice. A veces la gente no quiere escuchar lo que dice Dios, como las semillas del camino.

—A veces la gente se olvida de lo que les dijo Dios, como las semillas de las piedras.

—A veces la gente
está demasiado
ocupada para
escuchar a Dios,
como las semillas de
las malas hierbas.

—Pero la gente
que escucha a Dios
se hace más fuerte,
como las semillas
de la tierra fértil.

Todo tipo de personas iba a escuchar a Jesús,
incluso algunas personas malas.

—¿Por qué pierdes el tiempo
con estas personas malas?
—le preguntaron a Jesús.
Él contó una historia para que
todos lo entendieran.

—Una vez, un pastor estaba
cuidando cien ovejas. Las contó,
noventa y nueve...faltaba una.

—Así que guardó su rebaño en un lugar
seguro y fue a buscar la oveja perdida.

—El pastor buscó y buscó hasta que encontró a la oveja perdida.

—Estaba muy contento y la cargó en sus hombros hasta su casa.

—Dios es como el pastor. Se preocupa
por las personas malas.
Se pone contento cuando las encuentra
y triste por lo que han hecho.

Siguientes pasos

Vuelve a mirar el libro para hablar de lo que has leído.

* Copia las acciones. Haz lo que hacen los personajes: lanza las redes de pesca; esparce las semillas; busca la oveja.

* Cuenta los apóstoles. ¿Sabes cómo se llaman los doce apóstoles?

* Nombra los colores. ¿De qué colores son los peces? Busca esos colores en las otras páginas.

* Formas y tamaños. Busca peces y pájaros grandes, medianos y pequeños.

Ahora que has leído la historia... ¿qué recuerdas?

* ¿Por qué se metió Jesús en la barca de Pedro?

* ¿Qué pasó cuando Pedro levantó sus redes de pesca?

* ¿Cuántos apóstoles eligió Jesús?

* ¿Qué pasó con las semillas que cayeron en las piedras?

* ¿Qué pasó con las semillas que cayeron en la tierra fértil?

* ¿Quién encontró la oveja perdida?

¿Cuál es el mensaje de la historia?
Jesús eligió a doce hombres buenos para que lo ayudaran a propagar el mensaje de Dios.

Los milagros de Jesús

A Jesús le encantaba
enseñar el mensaje de Dios
y a la gente le
encantaba escucharlo.

Le seguían a todas partes.

Pero un día, Jesús estaba triste
porque su primo, Juan, había muerto.
Jesús se subió a un bote
para descansar y rezar.

Cuando regresó a la costa, la gente
seguía esperándole.

Jesús los recibió.

Empezó a predicar
y a curar a
los enfermos.

Durante todo el día, Jesús habló con la multitud.
A la caída de la tarde, los apóstoles le dijeron a Jesús:
—Es tarde y esta gente está muy lejos de sus casas.

Deberíamos dejar que se fueran para que compren comida. –Ustedes pueden darles de comer –contestó Jesús. –¡Eso costaría mucho dinero! –protestaron.

—Vayan a ver cuánta comida tenemos —les dijo Jesús a sus apóstoles.

Los apóstoles se metieron entre la multitud. Regresaron con un niño que tenía cinco panes y dos peces.

—Cinco panes y dos peces. ¡Con eso sólo llenamos un plato!

—No va a ser suficiente para dar de comer a toda la multitud —dijeron—. ¡Hay

Jesús les dijo a sus apóstoles que
sentaran a toda la gente en grupos. Jesús
tomó los cinco panes y los dos peces y le dio
las gracias a Dios por los alimentos.

Después repartió los alimentos en unos canastos y le dio uno a cada apóstol.

Los apóstoles repartieron los alimentos entre la gente.

Todos comieron
lo que quisieron.

Una vez que todos terminaron de comer, los apóstoles recogieron los canastos.

Cuando regresaron, ¡los doces canastos estaban llenos de comida!

No podían creer lo que veían.

Más tarde, Jesús les dijo a sus
apóstoles que fueran al lago.
Iban a ir a un pueblo al otro lado del lago.

Los apóstoles se subieron al bote.
Jesús se quedó atrás.

—Vayan ustedes adelante
—les dijo a los apóstoles.

—Yo tengo que
hacer algo antes.

Por fin, la multitud se fue a sus casas.
Jesús se sentó solo en la montaña para rezar.

Esa misma noche,
más tarde, Jesús
miró al lago.

El bote estaba alejado de la costa y se mecía de lado

Los apóstoles intentaban remar y luchaban

Todavía estaba oscuro cuando los apóstoles vieron una figura que iba hacia ellos.

Estaban muy asustados.

—¡Es un fantasma! —gritaron.

Pero era Jesús, que iba
caminando sobre el agua.

Jesús llamó a los apóstoles.
—¡Sean valientes! ¡Soy yo!

—Señor, si eres tú —contestó Pedro—,
dime que vaya contigo al agua.

—Ven —dijo Jesús.

Así que Pedro salió del bote y caminó
por encima del agua hacia Jesús.
Pero tenía miedo y empezó a hundirse.

Jesús estiró la mano y agarró a Pedro.

—¿Dudaste que Dios te salvaría? —preguntó Jesús.

Cuando volvieron a subir al bote, el viento cesó.
Los apóstoles estaban asombrados.

—Eres realmente el Hijo de Dios
—le dijeron a Jesús.

Siguientes pasos

Vuelve a mirar el libro para hablar de lo que has leído.

* Copia las acciones. Haz lo que hacen los personajes: junta las manos para rezar; rema en el bote;
  haz como si te hundieras en el agua como Pedro.

* Cuenta de cinco en cinco y de dos en dos. Cuenta dos peces, dos remos, cinco panes, cinco ovejas.

* Nombra los colores. ¿De qué color es el gorro del niño? Busca ese color en las otras páginas.

* Formas y tamaños. Busca los canastos y los peces grandes, pequeños y medianos.

Ahora que has leído la historia... ¿qué recuerdas?

* ¿Por qué estaba triste Jesús?
* ¿Cuánta gente había en la multitud?
* ¿Qué alimentos encontraron los apóstoles?
* ¿Cuántos canastos con comida había?
* ¿Quién caminó sobre el agua?
* ¿Cómo demostró la gente que confiaba en Jesús en la historia?

   ¿Cuál es el mensaje de la historia?
   Debemos confiar en que Dios nos dará todo lo que necesitamos.

La última cena

Era la fiesta de la Pascua. Jesús y sus apostoles iban de camino a Jerusalén. Jesús envió a dos apóstoles para que fueran delante.

—Busquen un burro joven —les dijo.
Los apóstoles encontraron un
burro joven y se lo llevaron a Jesús.

Cuando Jesús entró en Jerusalén montado en el burro, la gente salió a recibirlo. Ponían palmas en el camino y daban júbilos de alegría.

Hosanna

–¡Hosanna, el rey de los judíos ha venido a Jerusalén para salvarnos a todos!

Hosanna

Jesús fue al templo a rezar. En todas partes, había gente intercambiando dinero y vendiendo cosas. Jesús se enojó mucho.

–Este templo es para rezar
–gritó Jesús–, no para quitarle
el dinero a la gente. Derribó las mesas.

La gente dio júbilos.
–¡Hosanna, el rey de los
judíos ha venido a Jerusalén
para salvarnos a todos!

Hosanna

Cuando los sacerdotes oyeron que la gente daba júbilos por Jesús, les dio miedo. Pensaban que Jesús era demasiado popular y poderoso.

—Tenemos que deshacernos de él —decidieron los sacerdotes. Pero Jerusalén estaba lleno de gente que había ido a celebrar la Pascua. No querían problemas.

—Esperaremos a que termine la fiesta —asintieron—. Después lo atraparemos.

Esa noche, los apóstoles se sentaron a cenar.
Jesús sabía que iba a ser su última cena juntos.

Empezó a lavarle los
pies a Pedro.

Los apóstoles
estaban sorprendidos.
Normalmente eran
los sirvientes
los que lavaban los
pies a sus amos.

—¿Qué estás haciendo?
—preguntó Pedro.

—Te estoy mostrando que soy un sirviente de Dios —contestó Jesús—. Todos debemos recordar que somos sirvientes de Dios.

Mientras cenaban, Jesús dijo muy triste:
—Uno de ustedes me entregará a los soldados.
Los apóstoles estaban sorprendidos.

—¡No seré yo! —dijeron todos.

—El que comparte este cuenco
conmigo me traicionará
—contestó Jesús. Entonces Judás
se dio cuenta de que era él.

—¿Soy yo? —preguntó.
—Tú lo has dicho —dijo Jesús.

Mientras comían, Jesús tomó un pan.
Le dio las gracias a Dios por el pan.

Después dividió el pan y lo compartió con sus apóstoles.

—Coman esto —dijo Jesús—. Es mi cuerpo.

Después Jesús tomó una copa de vino.
Dio gracias por el vino y lo pasó a los demás.

—Beban esto
—dijo.

—Esta es mi sangre derramada para perdonar sus pecados. Esta es la última vez que tomaré vino en este mundo.

Cuando terminaron el festín,
fueron al Monte de los Olivos.
—Tengo un problema —dijo Jesús.

—Deben permanecer callados y escondidos
o ustedes también se meterán en problemas.
Yo nunca te abandonaré —contestó Pedro.

—Pedro, antes de que el gallo cante
por la mañana —contestó Jesús—,
negarás que me conoces tres veces.

Pero Pedro no le creyó.
—Aunque tenga que morir,
me quedaré a tu lado —dijo.

Todos los apóstoles dijeron que defenderían
a Jesús pasara lo que pasara.

Y mientras todos los apóstoles
dormían, Jesús rezó.

Siguientes pasos

Vuelve a mirar el libro para hablar de lo que has leído.

* Copia las acciones. Haz lo que hacen los personajes: haz como si fueras en burro, haz como si comieras el pan y bebieras el vino.

* Cuenta hasta doce. Cuenta las palmas, las palomas en el templo, los apóstoles en la última cena.

* Nombra los colores. ¿De qué colores van vestidos los apóstoles? Busca esos colores en las otras páginas.

* Formas y tamaños. Busca las velas grandes, medianas y pequeñas.

Ahora que has leído la historia... ¿qué recuerdas?

* ¿En qué animal iba montado Jesús?

* ¿Qué puso la gente en el suelo para recibir a Jesús?

* ¿Por qué derribó Jesús las mesas?

* ¿Qué simbolizan el pan y el vino?

* ¿Quién entregará a Jesús a los soldados?

* ¿Cómo se siente Judas cuando descubre que va a ser él el que traicione a Jesús?

¿Cuál es el mensaje de la historia?
Jesús era amado por la gente y temido por los sacerdotes.

La historia
de la Pascua

Era una noche larga y oscura. Jesús tenía
un gran problema. Algunas personas habían
dicho que él era el rey de los judíos

Mientras Jesús rezaba, Pedro,
Santiago y Juan estaban sentados
debajo de los árboles vigilando.

Pero, uno a uno,
se quedaron
dormidos.

Al amanecer, Jesús vio a otro apóstol que se acercaba. Era Judas e iba con una multitud armada con palos y espadas. Jesús despertó a sus apóstoles.

—Hola, amo —dijo Judas y besó a Jesús en la mejilla. Ahora los sacerdotes sabían cuál de llos era Jesús.

Arrestaron a Jesús. Pedro desenvainó su espada, pero Jesús le dijo que no luchara.

Pedro, Santiago y Juan salieron corriendo.

Llevaron a Jesús ante el sumo sacerdote.
Pedro los había seguido y escuchaba desde una
distancia segura. Pero alguien lo vio.

—Tú estabas con Jesús —dijeron.

—No —dijo Pedro—. No le conozco. Pedro dijo tres veces que no conocía a Jesús, tal y como Jesús dijo que haría.

Entonces, el gallo cantó. Pedro lloró porque no había defendido a Jesús.

Los sacerdotes llevaron a Jesús a ver a Pilates, el governador romano.

–¿Eres tú el rey de los judíos?
–le preguntó Pilates. Jesús no contestó.

Pilates le preguntó a la multitud.

–¿Qué ha hecho?
¡No hizo daño a nadie!

Pero la multitud estaba enojada.
—¿A quién debería dejar en
libertad? —preguntó Pilates—.
¿A Barrabás, el asesino, o a Jesús,
el rey de los judíos?

—¡Deja a Barrabás en
libertad! —gritaron.
Pilates estaba sorprendido,
pero dejó a Barrabás
en libertad.

La multitud se burló de Jesús
y lo llevaron a una colina llamada el
Calvario. Le pusieron una corona
de pinchos en la cabeza.

A Jesús le clavaron en una cruz de madera
entre dos ladrones.–Si eres el Hijo de Dios
–dijo el ladrón malo–, ¿por qué no te salvas?

–¿Qué ha hecho?
¡No hizo daño a nadie!
–dijo el ladrón bueno.

Al mediodía, el cielo se puso oscuro.
La oscuridad duró tres horas.

—Dios, perdónalos —gritó Jesús—.
¡No saben lo que hacen!

En ese mismo momento, la tierra tembló y Jesús se murió.

Un soldado romano estaba de guardia.
—Él era realmente el Hijo de Dios —dijo.

Esa misma noche, un hombre llamado José llevó el cuerpo de Jesús a una tumba de piedra. Lavó a Jesús y le puso ropa limpia. Después rodó una losa muy pesada para cerrar la tumba.

Unos soldados vigilaban la tumba.

Durante todo ese tiempo,
las amigas de Jesús, María
Magdalena y María de
Galilea, estaban observando.

Dos días más tarde,
María Magdalena
y María de Galilea
regresaron a la tumba.

Los soldados se habían ido,
la losa se había movido ¡y la
tumba estaba vacía!

Un ángel resplandeciente dijo:
—No tengan miedo, Jesús está vivo.

Fueron corriendo a decírselo a los apóstoles.
Pero se encontraron a Jesús por el camino.

—No tengan miedo
—dijo Jesús—. Me reuniré con
los apóstoles en Galilea.

Los apóstoles fueron a Galilea y
esperaron. Mientras hablaban, Jesús apareció
de repente. ¡Tenían miedo!

–¿Por qué tienen miedo? –preguntó Jesús–.
¡Soy yo! Les mostró las cicatrices que tenía de la
cruz en las manos y los pies.

–Ve y di al mundo lo
que te he enseñado. Diles que deben
arrepentirse de lo que han hecho
mal. Si otras personas hacen el mal
debemos perdonarlos.

Jesús llevó a los apóstoles a un lugar cerca de Betania.

Levantó las manos
y los bendijo.
Jesús los dejó y se lo
llevaron al cielo.

Los apóstoles viajaron por
el mundo, como Jesús les
había pedido, para propagar
el mensaje de Dios.

Siguientes pasos

Vuelve a mirar el libro para hablar de lo que has leído.

* Copia las acciones. Haz lo que hacen los personajes: reza, desenvaina la espada y mueve la losa.

* Cuenta de cuatro en cuatro. Cuenta a Jesús, Pedro, Santiago y Juan; cuenta las tres mujeres y a Juan cerca de la cruz.

* Nombra los colores. ¿De qué colores va vestida la gente? Busca esos colores en las otras páginas.

* Formas y tamaños. Busca cosas grandes, medianas y pequeñas, gruesas y finas, largas y cortas.

Ahora que has leído la historia... ¿qué recuerdas?

* ¿Quién llevó a la multitud donde estaba Jesús?
* ¿Cuántas veces dijo Pedro que no conocía a Jesús?
* ¿Qué le puso la multitud a Jesús en la cabeza?
* ¿Cómo murió Jesús?
* ¿Dónde enterraron a Jesús?
* ¿Quién descubrió que Jesús estaba vivo?

¿Cuál es el mensaje de la historia?

Jesús nos enseñó que debemos perdonar a la gente y no culparlos.